Lb56 149
1865

RETOUR

SUR LES

DERNIÈRES ÉLECTIONS.

BIBLIOTHÈQUE IMPÉRIALE
IMPRIMÉS
DÉPOT LÉGAL DES BULLETINS DE VOTE

ET LISTES ADMINISTRATIVES.

Par Ernest PRAROND.

AMIENS,
IMPRIMERIE DE LENOEL-HEROUART
RUE DES RABUISSONS, 30.

1865.

TIMBRE IMPÉRIAL
5 cen

RETOUR

SUR LES DERNIÈRES ÉLECTIONS,

DÉPOT LÉGAL DES BULLETINS DE VOTE

ET LISTES ADMINISTRATIVES.

Il y a peu de jours un homme qu'on accusera pas de hardiesses inconsidérées, un Inspecteur général de l'Enseignement supérieur (1), ne craignait pas d'inspirer des sentiments trop hauts à des jeunes gens encore sous la discipline universitaire en leur disant : « Nous possédons une forme de gouvernement sans exemple dans l'histoire (2) où, à certains jours, chacun a le droit de donner par la voie du suffrage son avis sur les affaires publiques, où tous peuvent parler à tous des besoins, des vœux, des destinées de la commune patrie. » Dans ces paroles mesurées tout naturellement avec la double pru-

---

(1) M. D. Nisard.

(2) *Sans exemple dans l'histoire* appellerait, ne fût-ce qu'au point de vue historique, un commentaire. Ce n'est pas ici le lieu de la discussion. Je laisse intacte la phrase de l'inspecteur général en raison des égards dus dans tous les cas aux citations qu'on se permet.

dence universitaire et académique, je cherche seulement une autorité pour des franchises de discours très-modestes, l'habileté des paroles devant me faire défaut d'ailleurs.

Il est bon de montrer d'avance aux enfants leurs devoirs d'hommes. Les enfants seront les correcteurs de nos fautes, mais en attendant, les hommes peuvent prendre aussi leur part des avis mis à la portée des jeunes générations. Il n'est pas indispensable que nous laissions toutes nos négligences à réparer à ceux qui nous remplaceront.

Ne commençons-nous pas d'ailleurs, — il nous console de le croire, — à reprendre quelque vigueur? Ne sent-on pas dans chaque manifestation de la vie publique comme un ressort qui se remet en mouvement? Nous sommes encore au lendemain d'une de ces agitations de bon augure, agitations saines et dont le meilleur esprit d'ordre n'a qu'à s'applaudir en voyant combien peu de troubles elles soulèvent dans les relations des citoyens entre eux, dans les relations des diverses autorités avec les administrés, à mesure surtout que la main des administrations se fait de moins en moins sentir. Arrêtons-nous donc un instant pour nous féliciter d'une situation rassurante à tous les égards et pleine de promesses douces à noter.

Encore un pas essayé, pouvons-nous dire, un demi pas fait dans la voie du suffrage mieux compris et mieux pratiqué. Le moment ne serait-il pas venu pour chacun, dans sa ville, dans son village, de fixer un souvenir réconfortant, de profiter de la circonstance même pour constater les heureux résultats d'une élection moins gênée que d'autres, de reprendre cœur dans la satisfaction présente en attendant les élections futures, d'importance diverse, où l'esprit public aura à constater de nouveaux succès et à encourager de nouvelles espérances ? Toute force acquise est précieuse. C'est par la confiance puisée dans cette force reconnue, et par le soin intelligent de conserver et cette force et cette confiance, que les électeurs pourront enfin compter sur eux-mêmes, c'est-à-dire compter ou valoir double ou triple, s'affermir, se trouver toujours prêts aux efforts prochains et travailler heureusement au succès définitif du suffrage.

La force reconnue a un autre avantage. — Il est fâcheux peut-être que cet avantage ne repose pas toujours sur les meilleures qualités de l'humanité, mais nous n'avons pas le droit de dédaigner le bien parce qu'on découvre autour de lui ou dans ses principes multiples quelques mélanges douteux. — La force reconnue donc amène communément des rapports de politesse et même d'égards entre les adversaires. Cette lettre ne peut oublier le lieu d'où elle part ; elle ne saurait donc consigner que des rapports excellents de droite et de gauche, et, pour être clair en employant de fausses expressions, de bas en haut et de haut en bas. Les administrations non élues sont d'ailleurs restées étrangères presque partout, je pense, aux dernières luttes électorales dans le département qui sert de champ à nos remarques. Le cas est propice pour repousser toute acrimonie de la discussion. L'occasion serait-elle mal choisie, ici comme ailleurs sans doute, pour fournir quelques suggestions à la bienveillance des administrateurs qui se sont trouvés, à d'autres heures, chargés d'une *tutelle* politique?

Je ne veux parler dans ce mot que du dépôt légal aux

chefs-lieux préfectoraux, des listes de vote imprimées; je ne toucherai que légèrement à la question des listes dressées par les administrateurs.

Je suis resté longtemps étranger aux agitations électorales, et ma connaissance des lois et des règlements qui régissent le suffrage est de fraîche date. On me dit cependant qu'autrefois les listes imprimées étaient remises, encore tout humides de la presse, aux mains des candidats ou des comités? La loi était-elle la même, laissait-elle quelque latitude pour une interprétation plus clémente aux candidats? Je ne sais. Je ne veux même pas repousser l'interprétation nouvelle qui qualifie pompeusement (1) d'*ouvrage* sur le bulletin de dépôt des imprimeurs, une simple liste de quinze, vingt, trente ou quarante noms. J'accepte la lettre élastique, mais je voudrais tout modestement prendre la permission de demander pourquoi ce dépôt n'est pas facilité aux électeurs qui demeurent loin du chef-lieu de préfecture? Autrefois,—je prends mes exemples autour de moi et n'affirme rien pour ce qui peut encore se passer ailleurs, — autrefois les sous-préfets recevaient le dépôt des livres imprimés dans leur arrondissement. Ils transmettaient ces livres aux préfectures, et le permis de délivrer les exemplaires suivait la même marche au rebours. Il y avait là, dans quelques cas, une lenteur fâcheuse, mais aussi quelques commodités pour les imprimeurs. Maintenant les imprimeurs sont obligés de faire faire le dépôt directement au chef-lieu de la préfecture, mais la

---

(1) Je ne trouve pas d'autre traduction du mot *emphatically*.

réponse ne leur revient encore que par l'intermédiaire des sous-préfets. Ne semble-t-il pas que le simple récépissé du dépôt aux préfectures devrait suffir pour la délivrance du livre? L'imprimeur a ainsi quelques ennuis, quelques frais de plus, sans aucun avantage. Passons encore, si l'on veut, sur la question des livres. Pourquoi en temps d'élection, quand la célérité est quelquefois fort importante pour les candidats, les préfets ne délégueraient-ils pas, si la loi leur permet cette complaisance, leurs pouvoirs aux sous-préfets pour la réception d'ouvrages qui n'ont pas même un demi quart de feuille d'impression, qui n'ont qu'une page, qui ne portent que des noms dont le plus innocent des électeurs est alors le maître absolu? Pourquoi, si la bonne volonté du préfet est liée par la loi, ne déciderait-il pas que le simple récépissé tiré de la préfecture suffira pour faire passer immédiatement les bulletins des mains de l'imprimeur dans celles du comité ou du candidat? On n'a pas contesté encore aux électeurs le droit de dresser des listes manuscrites à leur gré, lorsqu'il s'agit d'élections municipales, bien entendu. Quel péril pour la société peut présenter la prompte délivrance d'une liste imprimée (1) ?

---

(1) A cette opinion si simple, j'ai entendu opposer par des gens bien intentionnés, mais un peu trop enfermés dans les formes bureaucratiques, la justice, la convenance, le droit pour les sous-préfets d'être informés de ce qui s'imprime chez eux. J'ose répondre que ces nécessités ne sauraient sauter absolûment à tous les yeux. La fonction des sous-préfets est au-dessus de la défiance continuelle que tant de précautions feraient supposer, au-dessus de ces aguets forcés, toujours tendus vers la compression.

Nul ne met en doute, les bonnes intentions des préfets
dans les élections dernières. Pour ma part, simplement
chargé d'aller faire un dépôt la veille de l'ouverture même
du scrutin, je n'eus qu'à remercier chaudement le chef de
bureau, qui, muni des ordres nécessaires évidemment,
voulut bien faire délivrer sans délai par le télégraphe
à la sous-préfecture d'Abbeville l'avis maintenant exigé
pour la délivrance des bulletins. Mais quelques jours aupa-
ravant un avocat d'Abbeville, M. de Poilly, venu pour un
autre liste, n'avait pu obtenir de rapporter lui-même

Le public heureusement voit en eux des hommes empressés à ex-
pédier les affaires, non des surveillants dont les yeux seraient à
fuir. En temps d'élection, le sous-préfet, électeur lui-même et ci-
toyen, n'a certainement pas de meilleur désir que d'aider au plein
et facile exercice du droit des électeurs. Si quelque désordre se
produit dans la rue, les commissaires de police ne sont-ils pas là?
Dans la salle de vote, les présidents de bureau armés de leurs
pouvoirs? Si quelque contravention plus grave porte atteinte à la
sincérité du vote, blesse la loi, les tribunaux n'ont-ils pas des
punitions sévères pour les coupables? On m'assure que dans
plusieurs pays voisins, le dépôt légal est inconnu même pour les
livres. Il est certain, en ce cas, que dans ces pays, les sous-préfets,
les préfets même, ne sont pas instruits immédiatement de tout ce
qui s'imprime chez eux. Ces pays ne meurent pas cependant de
l'ignorance des administrateurs.

En fin de compte, pourquoi le récépissé des bulletins de vote
donné par les préfectures ne serait-il pas délivré avec l'apostille
ou condition suivante : Bon pour la délivrance des bulletins
après la communication à la sous-préfecture. Le porteur du
récépissé gagnerait toujours quelques heures sur la poste,
dix-sept ou dix-huit heures même quelquefois, quand les lettres
doivent passer une soirée, une nuit et une matinée dans les
bureaux fermés des sous-préfectures.

l'autorisation. Les auteurs de la liste durent attendre au lendemain l'ouverture des bureaux de la sous-préfecture.

M. Le Bel, d'Abbeville, ne fut pas plus heureux vers le même temps pour une autre liste encore, portée par lui à la préfecture.

Enfin, peu avant le dernier tour de scrutin, M. de Monnecove, ayant porté lui-même aussi à Amiens la liste qui intéressait le plus sérieusement sa candidature, dut subir les mêmes retards.

Ajouterai-je sans récrimination aucune, que, pendant les allées et venues forcées d'une part, les listes administratives sont affranchies de ces gênes, du moins dans la croyance commune? Cette différence, réelle ou imaginaire, constitue deux inconvénients sans compensation quelconque. Elle nuit aux listes administratives par l'effet moral qui se produit à tort ou à raison dans le sentiment public, tandis que les gênes sont bien effectivement un mal pour les listes opposées. En matière d'élection le temps a souvent une valeur bien au-dessus de celle que lui attribue le proverbe étranger *time is money.*

Maintenant ces inconvénients qu'on surmonte dans une ville placée sur une ligne de chemin de fer et qu'un télégraphe peut servir quelquefois, deviennent de véritables obstacles pour les habitants des communes rurales.

Un électeur vient de cinq, six, sept lieues, peut-être plus, au chef-lieu de son arrondissement. Il s'imagine, — il a tort de ne pas connaître la règle, mais enfin il arrive qu'on ne la connaît pas toujours, — il s'imagine pouvoir, en

passant quelques heures dans la ville, remporter ses bulletins le soir même. L'imprimeur lui dénonce la nécessité du
dépôt légal de l'ouvrage à la préfecture. Un jour de
retard. Ce n'est pas tout ; la réponse de la préfecture ne
viendra pas directement à l'imprimerie, mais à la sous-préfecture et par la poste, après la fermeture des bureaux de
cette sous-préfecture peut-être ; on ne pourra, dans ce
cas, avoir la réponse qu'un jour plus tard encore, lorsque
ces bureaux recevront le public. En n'accordant qu'un jour
de retard en tout pour toutes ces formalités,—nous sommes
généreux, — l'électeur est obligé de partir sans ses bulletins et de refaire ses dix lieues le lendemain, au grand
risque d'un troisième voyage. On voit que je mets tout au
plus court.

Sans doute l'électeur, sachant qu'il ne peut conférer avec
vingt de ses co-électeurs, a pu songer au droit qu'il a de
communiquer avec chacun ; il a pu penser à dresser des
listes manuscrites, mais des gens timorés lui ont, — qui
sait ? — fait craindre des embarras dans un usage trop
confiant du droit commun, et puis il faut un grand zèle et
des loisirs pour se résoudre à écrire, soi-même, deux ou
trois cents bulletins portant une douzaine de noms. L'électeur en passera pas les ennuis des voyages, ou renoncera
au droit de conseiller ses amis.

Je ne veux outrer en rien ma pensée par l'exposition de
ces possibilités qui ne sont pas uniquement des suppo-
sitions. On se tromperait si on y cherchait une hostilité
contre les listes dites des administrations municipales.

Les corps élus ont, selon moi, le droit de se préoccuper

de leur propre composition (1). Il y a des compagnies qui se recrutent par elles-mêmes et ce ne sont pas les moins sages, ni les moins indépendantes. La liste de présentation aux électeurs faite par le corps élu lui-même, en dehors de toute influence quelconque, — je repousse avec soin le mot d'influence supérieure, — donne à l'élection un caractère légèrement mixte qui ne peut effaroucher vivement les esprits libéraux. L'élection participe ainsi un peu du recrutement du corps par lui-même et beaucoup, en dernier lieu, de l'élection commune. Il n'y a pas là grand mal quand l'administration s'arrête à la présentation sans appuyer sur l'électeur; il peut y avoir quelquefois bénéfice. En somme, ce sont les délégués mêmes de la circonscription électorale qui s'autorisent de la confiance que leur ont déjà prêtée les électeurs, pour s'en constituer les conseillers. Délégués dont le mandat finit, ils sont eux-mêmes devant des juges (2), et savent que ces juges peuvent les condamner doublement dans leurs personnes et dans leurs protégés. Enfin, redevenus électeurs, ils n'usent, comme de simples électeurs, que d'un droit d'association ou de réunion, et donnent un exemple que chacun peut

---

(1) Je raisonne dans l'hypothèse que les membres de ces administrations ont été eux-mêmes élus conseillers municipaux par leurs concitoyens et ont pris quelque avis des conseils mêmes pour dresser les listes soumises aux électeurs.

(2) Ces juges ne sont pas infaillibles, sans doute, hâtons-nous de le reconnaître. Cette déclaration ne coûte rien au vrai libéralisme, et le grand tribunal des électeurs ne nous poursuivra pas pour irrévérence.

suivre dans de justes limites (1). A peine ajouterons-nous légèrement qu'il serait juste que les publications émises par ces réunions fussent faites aux frais des particuliers, non aux frais du budget municipal. Glissons.

Point donc de question bien sérieuse sur les présentations officielles pour les conseils des villes ou des villages par des administrateurs déjà revêtus de la confiance de leurs concitoyens. Les administrations municipales, quand leurs fonctions expirent, peuvent être comparées aux commissions administratives des clubs ou des cercles aux époques de leur renouvellement. Les membres élus de ces commissions qui ont eu à cœur la bonne direction, les intérêts du cercle, ne s'abstiennent pas de le servir encore en se mêlant aux discussions amiables qui précèdent tout choix nouveau ou toute confirmation des choix anciens entre gens du monde, et je suis heureux de l'exemple qui se présente ainsi. Si nous sommes excusables de n'avoir pas un culte bien grand, une tendresse excessive, pour le

---

(1) Ces sortes de présentations ont, d'ailleurs, des précédents dans notre histoire municipale. Il fut un temps où, dans certaines villes, l'élection du maire était entourée de plusieurs précautions qui n'indiquent pas, quoique précautions, une législation à dédaigner, même maintenant, comme illibérale. La mairie expirante proposait trois noms aux mayeurs de bannière ou chefs des corporations et les chefs des corporations choisissaient parmi ces trois noms celui qu'il leur plaisait de voir pour un an en tête des délibérations de la ville. — Un an était en effet, la durée des charges conférées par le vote, mais on ne paraissait pas craindre la fréquence des élections. La vie municipale n'y perdait rien ; les agitations étaient moindres peut-être et les compétitions presque nulles.

système des choix trop fortement conseillés, nous sommes loin d'appeler, de regarder comme un idéal, les coups de poing et les coups de bâton de l'Angleterre. Nous voudrions que les élections s'effectuassent partout sincèrement, sans troubles, sans bruit, et aussi poliment que dans un cercle de gens bien élevés. Les peuples qui se piquent de délicatesse arriveront pour tous les actes de la vie politique à ces formes d'honnêtes gens qui sont des sauve-garde même de l'indépendance.

Il m'a bien été donné de voir chez un peuple encore neuf, à New-York, et mieux que cela dans l'ouest même des Etats-Unis, des élections se passer sans le moindre tumulte, en temps de guerre et de passion politique. A peine si le jour du vote je rencontrais dans les rues quelques groupes causant à demi-voix. Et des comités rivaux de plusieurs centaines de personnes se tenaient en permanence dans ces villes !

Mais pour arriver à cet ordre, à cette tranquillité dans la rue et dans la salle du vote, à ce fonctionnement paisible du suffrage, il faut que l'électeur, n'ayant que sa propre pensée à écouter, ne puisse trouver aucun précepte d'irritation dans des influences trop promptes à presser sur cette pensée, dans des mesures trop faciles à interpréter en défiances ; il faut que toutes les gênes, même apparentes, tombent autour de lui. Les hommes deviennent facilement ombrageux quand il s'agit de la franchise de leurs mouvements, de l'exercice toujours un peu inquiet de leur souveraineté. Sous la Restauration même une plus grande tolérance était accordée à la presse aux approches des élections. Les journaux couverts par l'animation générale se sentaient plus à l'abri des sévérités et profitaient du bénéfice des circonstances. Publications particulières, manifestes ardents, expositions de principes couraient à peu près librement. Les candidats étaient attaqués ou soutenus avec une chaleur qui approchait parfois de la violence. Nos vieux journaux de province font foi de ces licences momentanées. Certes, ce n'est pas la violence que nous désirons voir renaître, nous nous en sommes expliqués, quoique la violence vaille bien, à tout prendre, l'énervement ; mais nous croyons bon, utile et sain au public de ne jamais s'abandonner lui-même. On ne saurait donc lui conseiller mieux que de considérer ce qu'il a déjà fait et de songer à ce qu'il pourra faire encore.

Les élections dernières, très-intéressantes au point de vue des intérêts locaux, très-intéressantes aussi comme symptômes, comme signes du temps, n'avaient cependant qu'une importance restreinte. Les gênes que nous avons signalées n'ont sans doute point modifié notablement, n'ont aucunement modifié, si l'on veut, les résultats désirables. Il n'est peut-être pas insignifiant cependant de se préoccuper de ces gênes pour l'avenir ou de se tenir pour averti. En cas de vote plus important, les mesures pourront ainsi être prises en conséquence des difficultés reconnues. Le public, à tort ou à raison encore, pense que les administrations préparent avec habileté et de longue main le succès des candidatures qu'elles favorisent. Dans cette croyance, fondée ou non, le public ne doit-il pas puiser un motif puissant de réfléchir aussi longtemps d'avance, de prévoir, de savoir, et, sans renoncer à poursuivre quelques simplifications dans les formes, de s'accommoder de façon à pouvoir, s'il le faut, agir avec aisance au milieu des gênes? Quel désarroi et que de surprises possibles s'il se trouvait, à la veille des scrutins, désorienté, incertain, tâtonnant, entre des bulletins suffisamment appuyés et d'autres qui lui arriveraient trop tardivement. — Ces considérations comme exemple de beaucoup d'autres que les électeurs doivent faire valoir partout où elles naissent des circonstances dans les villes et dans les villages.

On doit désirer sans doute l'aplanissement de toutes les voies créées pour l'usage commun, mais il devient presque facile d'évoluer partout quand le terrain a été reconnu.

Amiens. — Imp. Lenoel-Herouart, rue des Rabuissons, 30.

www.ingramcontent.com/pod-product-compliance
Lightning Source LLC
Chambersburg PA
CBHW060732280326
41933CB00013B/2610